AF313216

TABLEAUX

ANCIENS ET MODERNES

ET

TABLEAUX

DE L'ÉCOLE ANGLAISE

PROVENANT DE LA COLLECTION E. G.

———— ✻ ————

VENTE

HOTEL DROUOT, SALLES Nᵒˢ 8 ET 9

Le Jeudi 20 Avril 1876, à 2 heures précises

EXPOSITIONS

PARTICULIÈRE	PUBLIQUE
Le Mardi 18 Avril 1876	Le Mercredi 19 Avril 1876

Mᵉ ESCRIBE	M. HARO ✻
COMMISSAIRE - PRISEUR	PEINTRE - EXPERT
6, rue de Hanovre	14, rue Visconti, et rue Bonaparte, 20

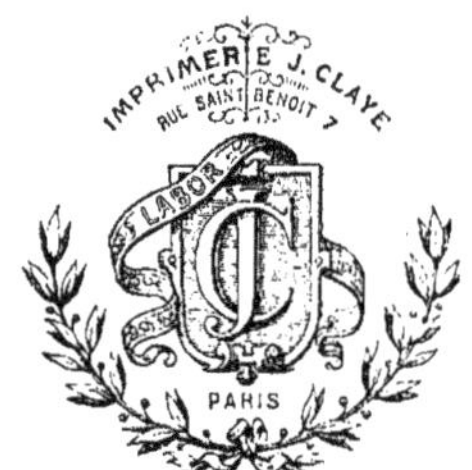

TABLEAUX

ANCIENS ET MODERNES

ET

TABLEAUX

DE L'ÉCOLE ANGLAISE

PROVENANT DE LA COLLECTION E. G.

VENTE

HOTEL DROUOT, SALLES N°s 8 ET 9

Le Jeudi 20 Avril 1876, à 2 heures précises

EXPOSITIONS

PARTICULIÈRE	PUBLIQUE
Le Mardi 18 Avril 1876	Le Mercredi 19 Avril 1876

Me ESCRIBE	M. HARO ✳
COMMISSAIRE - PRISEUR	PEINTRE - EXPERT
6, rue de Hanovre	14, rue Visconti, et rue Bonaparte, 20

CONDITIONS DE LA VENTE

Elle sera faite au comptant.

Les acquéreurs payeront cinq pour cent en sus du prix d'adjucation.

L'Exposition mettant le public à même de se rendre compte de l'état des objets, il ne sera admis aucune réclamation une fois l'adjudication prononcée.

Les tableaux que nous sommes chargé de mettre
en vente sont de maîtres très-variés et d'écoles très-
diverses.

Nos indications premières seront pour la peinture
anglaise.

Le sens du Water-colour inné chez les Anglais se
conserve presque intégralement dans leurs tableaux à
l'huile; aussi, est-ce toujours une nouveauté que de voir
réunis un certain nombre de tableaux de cette école que
nous connaissons si peu, bien qu'elle ait eu une
influence considérable sur les paysagistes modernes.

En ce qui concerne les attributions et les prove-
nances, nous avons conservé celles qui nous ont été
transmises par le propriétaire de la collection.

Nous mentionnerons dans l'école moderne un petit
tableau, éclatant de lumière, *la Prairie,* de Théodore
Rousseau, un Diaz, *Sous bois,* forêt de Fontainebleau, une
belle étude, *Bergerie,* par Jacque; *le Déjeuner interrompu,*

par Spiridon dont les œuvres sont devenues si rares; un Wollon important, *le Chaudron,* une curieuse étude de Géricault, *le Grimacier,* etc., etc.

Dans les tableaux anciens, signalons un Breughel d'une conservation exceptionnelle, *le Portrait de Gérard Dow,* par François Miéris, *un Déjeuner,* par Héda, un tableau de Boucher, *Portrait d'un enfant de France,* etc., etc.; indiquons aussi deux grandes compositions religieuses, magnifiques peintures décoratives pour un musée ou une église, l'une de Gaspard de Crayer et l'autre de Gérard Zegers.

Dans l'école espagnole, un tableau de Velasquez d'un ton argentin; *l'Infante Marguerite-Thérèse;* un Goya, *la Prison des fous.* Goya peut être à bon droit regardé comme le précurseur du mouvement romantique en peinture, il n'étudie pas la nature à travers le voile de la tradition, il la voit directement et l'exprime avec une vérité qui ne recule devant rien, aussi mêle-t-il au réalisme le caprice le plus effréné. Dans le tableau, *la Prison des fous,* il n'a dédaigné ni la misère, ni la laideur, ni la souffrance.

HARO.

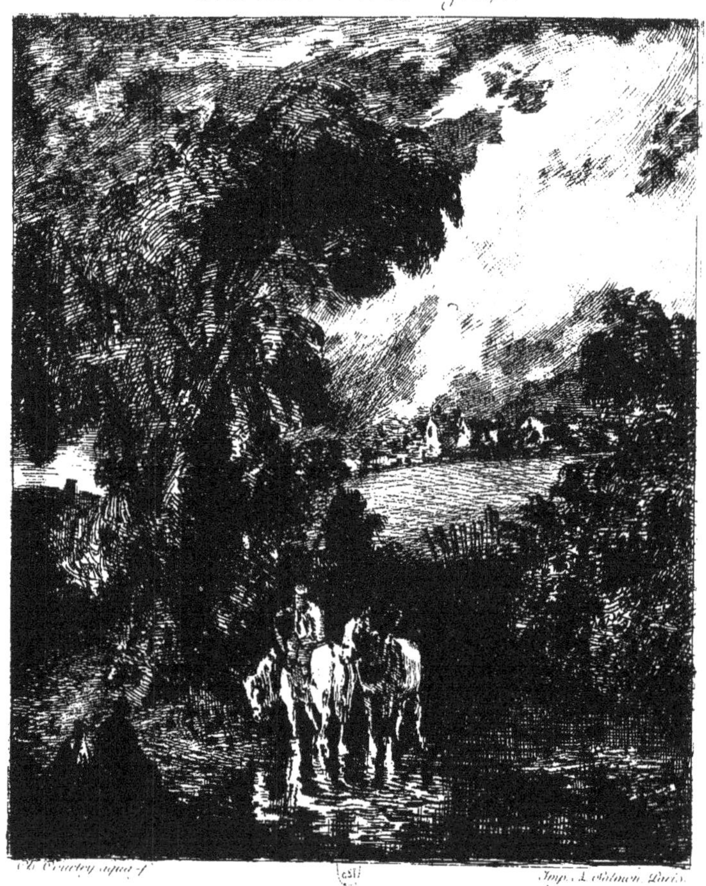

L'abreuvoir, environs de Dedham.

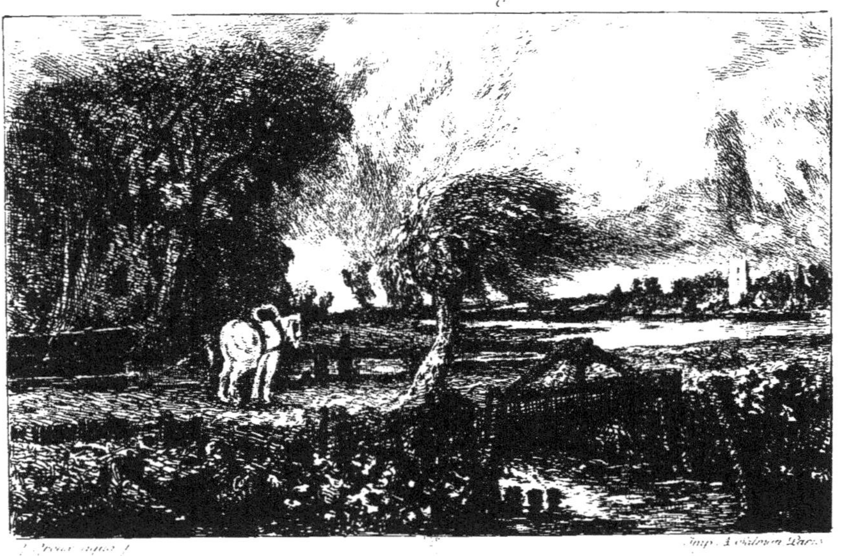

Constable. R. A. (John).

Vue de l'Écluse de Dedham

DÉSIGNATION

ÉCOLE ANGLAISE

CONSTABLE (John R. A)

Né à East Berghett en 1776, mort à Londres en 1837.

1. — L'Abreuvoir.

> Paysage avec figures et animaux.
> Vue prise près de Dedham.
> Collection R.-H. Roe, esq.

> Toile. — H., 1ᵐ,10. L., 0ᵐ,97.

CONSTABLE (John R. A.)

2. — Vue de l'Écluse de Dedham

> Au premier plan, à gauche, une barque avec des mariniers et un cheval de halage. Dans le fond, la Tamise avec le village et l'église de Dedham. Ciel orageux.

> Toile. — H., 0ᵐ,63. L., 1ᵐ,06.

CROME DIT OLD CROME (JOHN)

Né en 1769, à Norwich, où il mourut en 1821.

3. — Les Chemins de la ferme.

H., 0^m,46. L., 0^m,56.

CROME DIT OLD CROME (JOHN)

4. — La Ferme; environs de Norwich.

Paysage avec animaux et pet'tes figures ; effet de soleil couchant.

Toile. — H., 0^m,26. L., 0^m,36.

CROME DIT OLD CROME (JOHN)

5. — Les Cottages.

A la lisière d'une forêt et sous l'ombrage de grands arbres on aperçoit plusieurs chaumières.

Dans le fond une rivière et une barque à voiles, et au premier plan une paysanne donnant à manger aux poules.

Toile. — H., 0^m,64. L., 0^m,76.

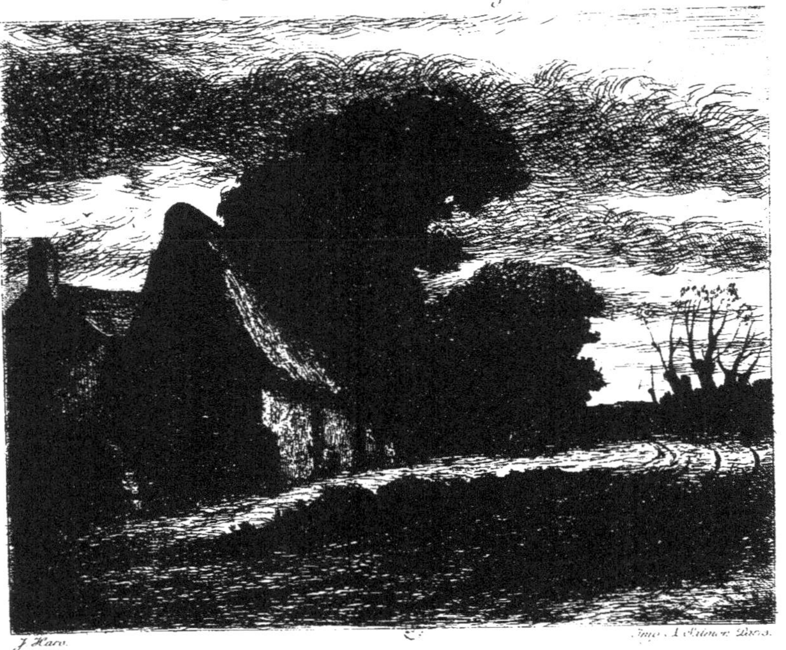

Les chemins de la Ferme.

CROME DIT OLD CROME (JOHN)

6. — Un Village.

Vue prise sur les bords de la Yare ; effet du soir.
Paysage animé par plusieurs petites figures de pêcheurs.

Toile. — H., 0m,54. L., 0m,42.

MULLER (WILLIAM)

Mort en 1845.

7. — Halte d'Arabes.

Vue prise aux environs de Jérusalem.
Collection R.-H. Roe, esq.
Signé à gauche et daté 1843.

Toile. — H., 0m,93. L., 1m,43.

MULLER (WILLIAM)

8. — La Maison du Titien, à Venise.

Elle est située au bord d'un canal sillonné par plusieurs
gondoles. Dans le fond, des palais et des maisons vénitiennes.
Signé à droite et daté.

Toile. — H., 0m,41. L., 0m,31.

MULLER (William)

9. — Vue prise à Venise, près de l'Arsenal.

Pendant du précédent.
Signé à gauche et daté 1835.

Toile. — H., 0^m,41. L., 0^m,31.

NASMYTH (Patrick)

Né à Édimbourg en 1787, mort à Lambeth en 1831.

10. — Vue de Londres, prise de Dulwich.

Dans le fond l'on aperçoit Westminster et Saint-Paul.
Signé à droite Patrick Nasmyth et daté 1818.

Toile. — H., 0^m,64. L., 0^m,76.

TURNER (Joseph-William R. A.)

Né à Londres en 1775; il y mourut en 1851.

11. — Le Mont Saint-Michel.

Vue prise par un temps d'orage. Au premier plan, sur les grèves, de nombreuses barques et des pêcheurs.

Nasmyth (Patrick).

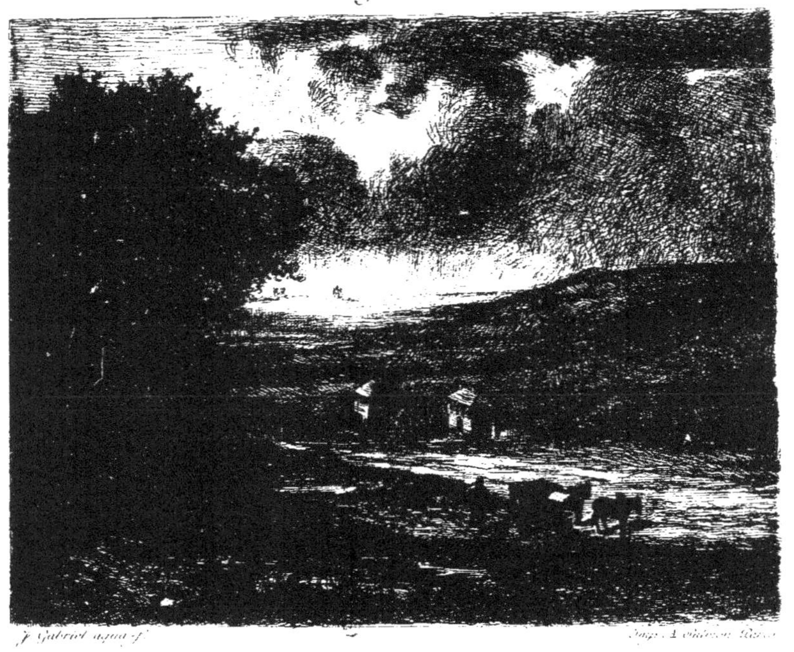

Vue de Londres, prise de Dulwich.

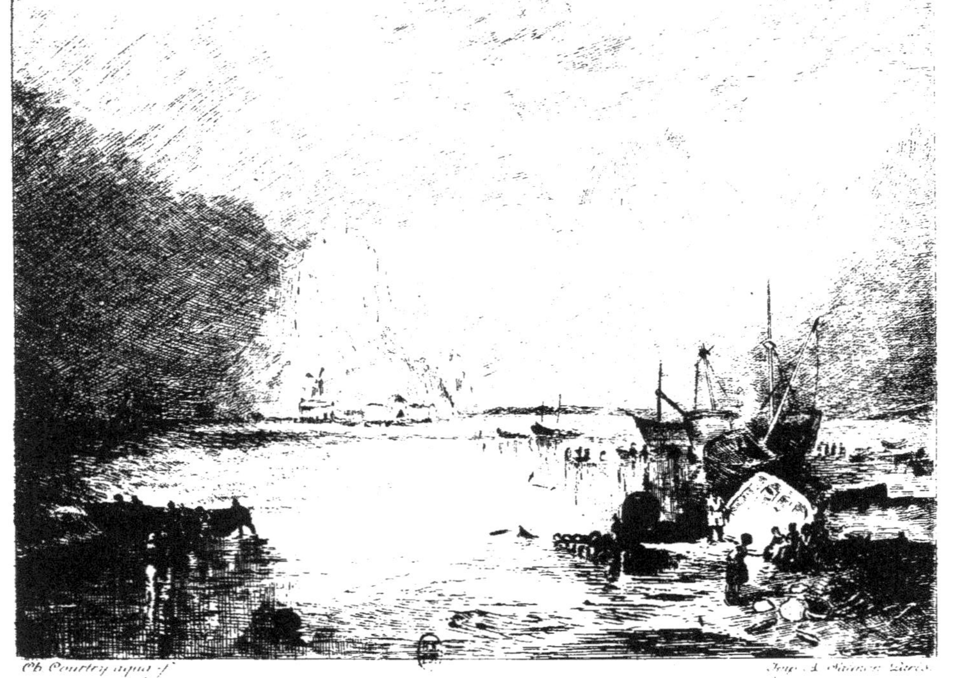

Turner. R. A. (Joseph William).

Le mont Saint Michel.

Turner R. A. (Joseph William).

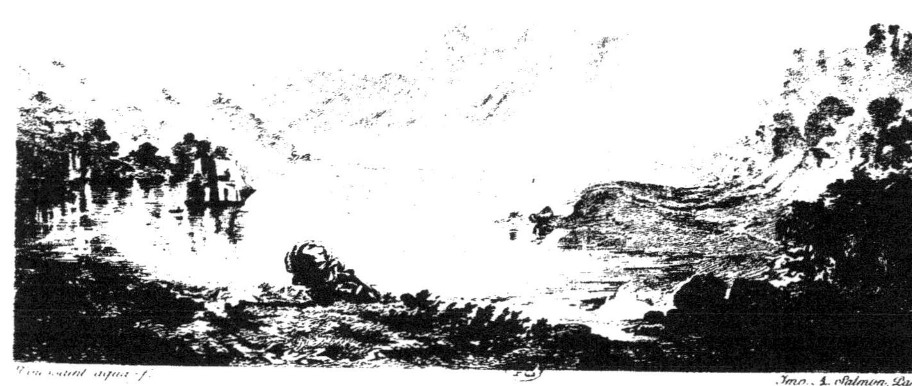

Lever de soleil, environs de Clifton.

Acheté à M. R.-H. Roe, esq.

Tableau de la troisième période (dite période poétique) de Turner, en 1828.

Toile. — H., 1ᵐ,04. L., 1ᵐ,40.

TURNER (Joseph-William R. A.)

12. — Lever du soleil ; environs de Clifton.

Ce tableau, est peint en pleine lumière.

Toile — H., 0ᵐ,62. L., 0ᵐ,93.

TABLEAUX

MODERNES

TABLEAUX MODERNES

CARRENO DIAZ

13. — Intérieur d'hiacenda.

> Signé à droite.
>
> Bois. — H., 0ᵐ,30. L., 0ᵐ,40.

220 —

CARRENO DIAZ

14. — Habitants des faubourgs de Madrid.

> Signé à droite.
>
> Bois. — H., 0ᵐ,35. L., 0ᵐ,24.

140 —

CARRENO DIAZ

15. — Madrilène à son balcon.

> Signé à droite.
>
> Bois. — H., 0ᵐ,20. L., 0ᵐ,15.

85 —.

CHAIGNEAU

16. — Moutons au pâturage.

Signé à gauche.

Toile. — H., 0^m,80. L., 1^m,32.

COIGNET (Jules)

17. — Vue d'un cimetière, à Constantinople.

Signé à droite.

Toile. — H., 0^m,65. L., 0^m,55.

COOK (César de)

18. — Paysage, vue prise dans la vallée de l'Epte.

Signé à droite.

Toile. — H., 0^m,44. L., 0^m,64.

COROT

19. — Paysage; étude.

Signé à gauche.

Toile. — H., 0^m,23. L., 0^m,32.

COUDER (A.)

20. — Déjeuner champêtre et Fleurs des champs.

Signé à droite.

Toile. — H., 0m,60. L., 1m,00.

COUDER (A.)

21. — Nature morte.

Signé à gauche.

Toile. — H., 0m,75. L., 1m,15.

COUDER (A.)

22. — Fleurs des champs.

Signé à droite.

Toile. — H., 0m,65. L., 1m,15.

DIAZ (N.)

23. — Sous bois; forêt de Fontainebleau.

Paysage avec petite figure.

Bois. — H., 0m,32. L., 0m,45.

DUPRAY (H.)

24. — Revue de cuirassiers à Satory.

Signé à gauche.

Toile. — H., 0m,47. L., 0m,68.

FLEURY-CHENU

25. — Le Quai des Étroits à Lyon ; effet de neige.

Signé à droite.

Toile. — H., 0m,77. L., 1m,00.

FLEURY-CHENU

26. — L'Hiver ; vue prise aux environs de Paris.

Signé à droite.

Toile. — H., 0m,34. L., 0m,46.

JACQUE (CHARLES)

27. — Intérieur de bergerie ; étude.

Signé à gauche.

Papier collé sur panneaux. — H., 0m,37. L., 0m,60.

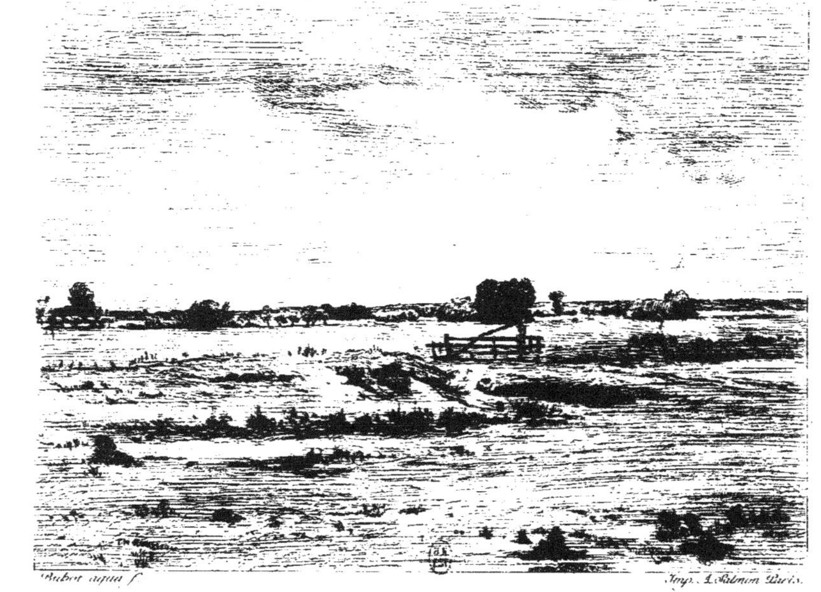

Th. Rousseau.

La Prairie.

LE ROUX (CHARLES)

28. — Chaumière au bord d'une mare ; effet d'orage.

Bois. — H., 0^m,24. L., 0^m,34.

LE ROUX (CHARLES)

29. — Lisière de bois.

Bois. — H., 0^m,24. L., 0^m,34.

MOREAU (ADRIEN)

30. — « Ils allaient dodelinant de la teste. »

(RABELAIS.)

Signé à gauche.

Toile. — H., 0^m,41. L., 0^m,60.

ROUSSEAU (THÉODORE)

31. — La Prairie ; Paysage ; Étude d'après nature.

H., 0^m,29. L., 0^m,38.

SPIRIDON

32. — Le Déjeuner interrompu par un visiteur importun.

Signé à gauche, et daté 72.

Bois. — H., 0^m,51. L., 0^m,64.

VAN HIER

33. — Marine; effet de brouillard.

Signé à droite.

Toile. — H., 0^{m},58. L., 0^{m},92.

VOLLON (A.)

34. — Nature morte.

A terre, des poissons, des moules, plus loin un chaudron et plusieurs ustensiles de cuisine.

Signé à gauche.

Toile. — H., 0^{m},96. L., 1^{m},18.

ZAMACOÏS

35. — Hallebardier.

Signé à droite.

Bois. — H., 0^{m},13. L., 0^{m},10.

ZAMACOÏS

36. — Le Bibliophile.

Signé à gauche.

Bois. — H., 0^{m},14. L., 0^{m},10.

TABLEAUX

ANCIENS

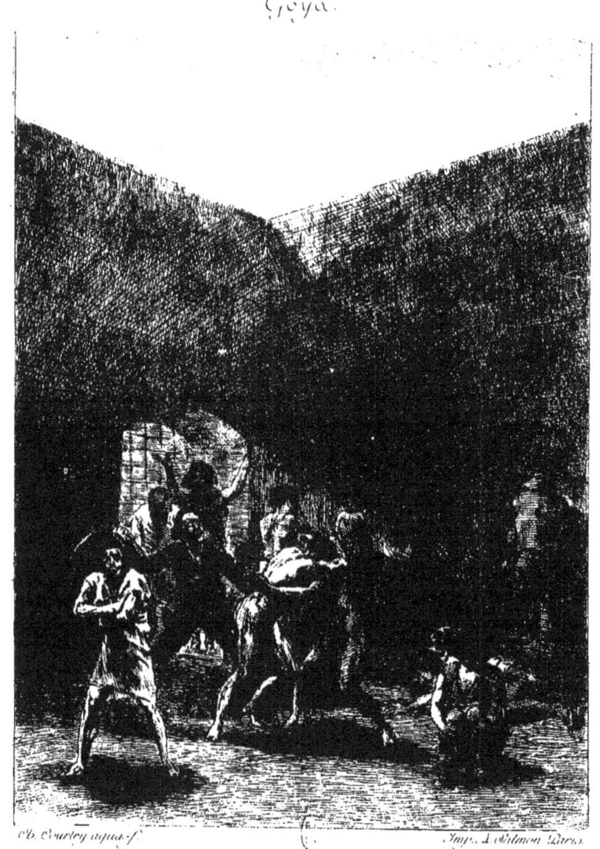

La prison des fous.

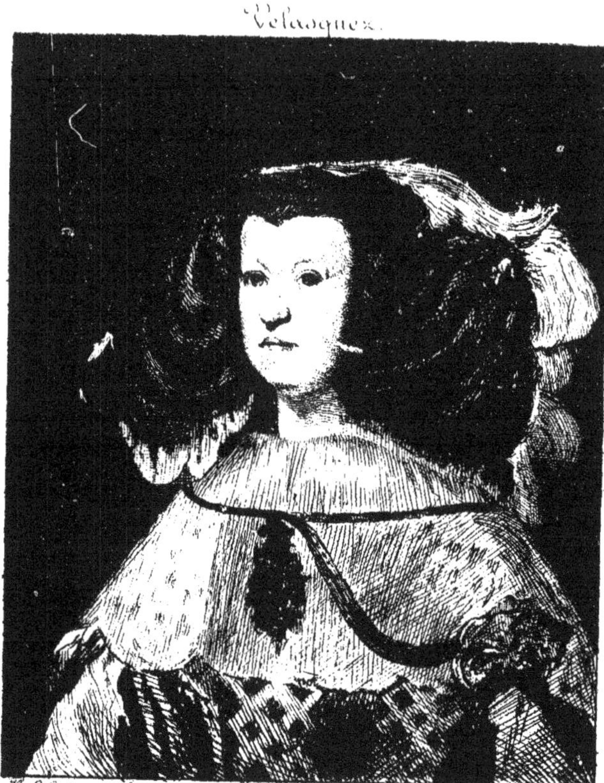

H. Lefort aqua. f.   Imp. A. Salmon. Paris.

Portrait de l'Infante Marguerite-Thérèse.

ÉCOLE ESPAGNOLE

GOYA

37. — La Prison des fous.

Bois. — H., 0^m,44. L., 0^m,32.

VELASQUEZ (Don Diego Rodriguez de Sylva y)

38. — Portrait de l'Infante Marguerite Thérèse.

Toile. — H. 0^m,66. L. 0^m,56.

ÉCOLES FLAMANDE ET HOLLANDAISE

BERK-HEYDE (Gerrit)

39. — Intérieur d'église hollandaise. .

Signé à gauche sur une dalle : Gerrit Berk-Heyde.

Bois. — H., 0ᵐ,51. L., 0ᵐ,40.

BREEMBERG (Bartholomeus)

40. — Les Baigneuses.

Ruines, paysage et petites figures.

Signé à gauche du monogramme.

Bois. — H., 0ᵐ,39. L., 0ᵐ,43.

CRAYER (Gaspard de)

Né à Anvers en 1582 ou 1585, mort à Gand le 27 janvier 1665. — Il fut l'ami de Rubens et de Van Dyck, qui avaient la plus grande estime pour son talent.

41. — Le Repos pendant la fuite en Egypte.

> La Vierge est assise sur un tertre tenant l'enfant Jésus sur ses genoux; saint Joseph le soutient de la main droite, et de la gauche tient une branche de lys. Au-dessus, le Père éternel dans une gloire est porté par des anges qui tiennent des couronnes.
>
> Toile. — H., 3^m,93. L., 2^m,40.

CUYLENBURG

42. — Les Disciples d'Emmaüs.

> Paysage, ruines et figures.
>
> Bois. — H., 0^m,43. L., 0^m,48.

BREUGHEL (Pierre, dit le Vieux)

43. — Le Massacre des Innocents.

> Par un temps de neige, des soldats ont envahi un village et en massacrent les enfants. Au milieu de la place, des chevaliers

font exécuter des ordres malgré les réclamations des paysans ; de tous côtés se sauvent des femmes éplorées.

On retrouve dans cette peinture toute la finesse d'observation et l'esprit de Breughel qui, par un anachronisme voulu, a transporté la scène biblique en plein moyen âge.

Provient de la collection de M. de Peyronnet.

Cuivre. — H., 0^m,47. L., 0^m,66.

DEKKER (CONRAD)

44. — Paysage.

Toile. — H., 0^m,90. L., 0^m,70.

DIEPENBEKE (ABRAHAM)

45. — Sainte Thérèse.

Cuivre. — H., 0^m,45. L., 0^m,34.

HEDA (GUILLAUME-NICOLAS)

46. — Après le déjeuner.

Nature morte, belle conservation.
Signé sur la nappe à gauche.

Bois. — H., 0^m,62. L., 0^m,47.

MIÉRIS (François)

47. — Portrait de Gérard Dov.

> Il est représenté de trois quarts et la figure souriante.
> Dans ce portrait, Miéris a atteint l'admirable fini de son
> maître.
>
> Cuivre ovale. — H., 00^m,12. L., 0^m,085.

MOMERS

48. — Marché aux environs de Rome.

> Toile. — H., 0^m,65. L., 0^m,88.

NEEFS (Peter)

49. — Intérieur d'église.

> Bois. — H., 0^m,31. L., 0^m,45.

STRY (Jacques van)

50. — Pâturage au bord de la Meuse.

> Bois. — H., 0^m,97. L., 1^m,43.

WEENIX (Jean)

51. — Paysage et Animaux.

Au premier plan à gauche une bergère et un chevrier sont assis sur un tertre au pied d'un arbre. La jeune femme, à travers les doigts écartés de sa main, regarde le spectateur en écoutant les propos d'un galant. Dans le fond, de nombreux troupeaux conduits par des bouviers se rendent à la ville.

Signé à droite sur une branche d'arbre : J. Veeninx.

Toile. — H., 0m,80. L., 1m,23.

WEENIX

52. — Oiseaux morts et Accessoires de chasse.

Toile. — H., 0m,90. L., 0m,71.

ZEGERS (Gérard)

53. — La Vierge entourée d'anges et de séraphins présente l'Enfant Jésus au père Éternel.

Dans le bas, Saint-Dominique et deux autres saints sont agenouillés, l'un d'eux présente un anneau et l'autre tient un saint ciboire.

Toile. — H., 3m,93. L., 2m,40

ÉCOLE FRANÇAISE

BOUCHER (François)

54. — Portrait d'un enfant de France.

Il est âgé de deux ans, vêtu de blanc, assis au milieu de jouets ; il tient de la main gauche la bride d'un cheval de bois, et sur ses genoux un joujou qui figure un chat ; des cartes sont éparses autour de lui et son hochet est suspendu par un cordon.

Signé : F. Boucher, 1749.

Provient de la collection de M. le marquis Du Lau.

H., 0^m,88. L., 0^m,72.

DROLLING (Père)

55. — Servante à la fontaine.

Toile. — H., 0^m,40. L., 0^m,34.

DROUAIS

(Attribué à)

56. — Jeune Fille, costume Louis XVI.

Elle est représentée à mi-corps, un bouquet de roses à son corsage, et la tête entourée d'un voile.

Toile. — H., 0^m,60. L., 0^m,49.

GÉRICAULT

57. — Le Grimacier.

Toile. — H., 0^m,45. L., 0^m,38.

Copie de l'attestation donnée par MM. MONTFORT *et* LEHOUX,
élèves de Géricault.

Cette tête, portrait d'un grimacier italien que l'on pouvait
voir autrefois au jardin de Tivoli, est une des peintures de
M. Géricault qui décoraient sa chambre à coucher, où M. Lehoux
et moi l'avons vue constamment, ayant connu M. Géricault
depuis son retour d'Italie jusqu'à sa mort, arrivée en 1824,
c'est-à-dire, environ, pendant six années, et ayant, durant ce
laps de temps, fréquemment travaillé sous ses yeux, nous
tenons de lui-même que cet ouvrage de sa jeunesse, et alors
qu'il était encore à l'atelier de M. Guérin, son maître, fut le
premier qui attira sur lui l'attention des élèves, ses camarades,
qui commencèrent de ce moment à le distinguer.

MONTFORT.   LEHOUX.

STELLA (Jacques)

58. — Fête à Bacchus, enfant.

Bois. — H., 0ᵐ,22. L., 0ᵐ,28.

SWEEBACH

59. — La Course.

Spécimen curieux des courses en 1822.

Signé à droite et daté.

Toile. — H., 0ᵐ,25. L., 0ᵐ,32.

ÉCOLE ITALIENNE

CANALE (Antonio) dit CANALETTI

(Attribué à)

60. — La Piazetta, vue prise à Venise.

H., 0m,52. L., 0m,73.

ROSPOLO

61. — Fruits, raisins, melons, etc.

Toile. — H., 1m,50. L., 1m,00.

ROSPOLO

62. — Fruits, raisins, pastèques, etc.

Toile. — H., 1m,50. L., 1m,00.

SCHEDONE (Bartholommeo)

63. — Le Christ mort étendu sur les genoux de la Vierge.

Saint Charles Borromée et saint Antoine prient en présence de ce douloureux spectacle, tandis qu'un ange soutient une main du Christ et qu'un groupe d'anges célèbre ce grand mystère.

Toile. — H., 2^m,45. L., 1^m,55.

TIEPOLO (Giovanni-Domenico)

(Attribué à)

64. — Scène de carnaval (imitation d'après Watteau).

Toile. — H., 0^m,68. L., 1^m,31.

TIEPOLO (Giovanni-Domenico)

(Attribué à)

65. — Scène de carnaval (imitation d'après Watteau).

Pendant du précédent.

Toile. — H., 0^m,68. L., 1^m,31.

66. — Sous ce numéro les tableaux non catalogués.

PARIS. — J. CLAYE, IMPRIMEUR, 7, RUE SAINT-BENOIT. — [679]

www.ingramcontent.com/pod-product-compliance
Ingram Content Group UK Ltd.
Pitfield, Milton Keynes, MK11 3LW, UK
UKHW031757170726
13836UKWH00003B/1017